Buonaparte

à

Sainte-Helene.

Paris, 1819.

L'Hermite de la Chaussée-d'Antin , ou Observations sur les mœurs et usages des Parisiens au commencement du dix-neuvième siècle , avec cette épigraphe :

> Chaque âge a ses plaisirs , son esprit et ses mœurs.
> Boileau, *Art poétique.*

Par M. de Jouy , membre de l'Académie française. Cinq forts vol. in-12 , ornés de 12 charmantes gravures et de fleurons. Prix . . . . 18—75
Le même , cinq vol. in-8°. Prix . . . . . . 30—0
Papier vélin. . . . . 50—0

Guillaume le Franc-Parleur , ou Observations sur les mœurs et les usages parisiens au commencement du dix-neuvième siècle ; faisant suite à l'Hermite de la Chaussée-d'Antin , et par le même auteur. Deux vol. in-12 , ornés de 4 jolies gravures et de fleurons. Prix. . . . . 7—50
Le même, deux vol. in-8°. Prix . . . . . . 12—0

L'Hermite de la Guiane , ou Observations sur les mœurs françaises au commencement du dix-neuvième siècle , faisant suite à l'Hermite de la Chaussée-d'Antin et au Franc-Parleur , et par le même auteur. Trois vol. in-12 , ornés de six jolies gravures et de fleurons. Prix . . . . 11—25
Le même, trois vol. in-8°. Prix . . . . . . 18—0

L'Hermite en Province (suite de l'Hermite de la Chaussée-d'Antin , etc.), par M. de Jouy , etc. ; deux vol. in-12 , ornés de 4 jolies gravures et vignettes. Prix . . . . 7—50
Le même , deux volumes in-8°. Prix . . . . 12—0

Le Bonhomme, ou Observations sur les mœurs et
usages parisiens, par M. de Rougemont. Suite du
Rôdeur. Un vol. in-12, orné de deux jolies gravu-
res et de vignettes Prix . . . . 3—75
Le même, in-8°. Prix . . . . 6—0
Papier vélin. . . . . 12—0

Dictionnaire universel portatif du Commerce, conte-
nant tous les mots qui ont rapport au commerce, leur explication, les détails les plus intéressans sur chacun d'eux ; la situation géographique
des villes, bourgs, ports, îles, et de tous les lieux en
général qui intéressent le commerce, etc. ; leur in-
dustrie, leurs manufactures, fabriques et établis-
mens de commerce, etc. ; les productions et mar-
chandises de toute espèce, etc. ; les lois, ordon-
nances, réglemens sur l'exercice du commerce; les
douanes, les patentes, etc. ; les poursuites judi-
ciaires en matière de commerce, etc. ; des modèles
de tenue de livres, d'inventaire, d'acte de société,
de procuration, de commission, de lettres de voi-
ture; d'acte d'assurance, de charte-partie, de con-
trat à la grosse, d'obligation, de compromis, de
mandats, de lettres-de-change, de billets, de tran-
sactions, de bilan, d'acte d'attermoiement, et de
tous les actes en général qui ont lieu journellement
dans le commerce. Un vol. in-8° de plus de 900
pages, papier grand-raisin, avec le tableau gravé
de toutes les monnaies de l'Europe. Prix. . 12—0

———

CARNET

D'UN VOYAGEUR.

Les formalités prescrites ayant été remplies, les contrefacteurs seront poursuivis selon toute la rigueur des lois.

———

Cet ouvrage se trouve aussi à

Agen, chez Noubel.
Aix-la-Chapelle, Laruelle.
Angers, Fourrié-Mame.
Arras, Topino.
Bayonne, Bonzom.
Berlin, Schlesinger.
Besançon.. { Deis, / Girard.
Blois, Aucher-Eloi.
Bordeaux.. { Mme Bergeret, / Lawalle jeune, / Melon, / Coudert, / Gassiot, / Gayet.
Bourges, Gilles.
Breslau, Korn.
Brest..... { Le Fournier-Desp. / Egasse. / Michel.
Bruxelles.. { Lecharlier, / Demat, / Stapleaux, / Lacrosse.
Caen, Mme Belin-Lebaron.
Calais, Leleux.
Cambrai, Giard.
Chartres, Hervé.
Clermont-Ferrand, Thibaut.
Dijon..... { Lagier, / Noellat, / Tussa.
Dunkerque, Bronner-Beauwens.
Florence, Piatti.
Francfort, Brœnner.
Gand..... { Dujardin, / Houdin.
Geneve.... { Paschoud, / Mangez-Cherbuliez.
Havre.... { Duflo, / Chapelle.
Lausanne, Fischer.
Leipsick, Grieshammer.
Liége..... { Desoër, / Collardin.
Lille, Vanackere.

Limoges, chez Bargéas.
Londres... { Bossange, / Dulau, / H. Berthoud, / Treuttel et Würtz.
Lorient.... { Caris, / Fauvel.
Lyon..... { Bohaire, / Faverio, / Maire.
Manheim, Fontaine.
Mans, Pesche.
Marseille.. { Chardon, / Maswert, / Moissy, / Camoin, / Chaix.
Metz..... { Devilly, / Thiel.
Mons, Leroux.
Montpellier, Sevalle.
Nancy, Vincenot.
Nantes, Busseuil.
Naples, Borel.
Niort, Elies-Orillat.
Nîmes, Melquioud.
Noyon, Amondry.
Orléans, Huet-Perdoux.
Rennes.... { Duchesne, / Molliex.
Rouen.... { Frère, / Renault, / Dumaine-Vallé.
Saint-Brieux, Lemonnier.
Saint-Malo, Rottier.
Saint-Pétersbourg { C. Weyer, / Saint-Florent.
Strasbourg, Levrault.
Stockholm, Cumelin.
Toulouse.. { Vieusseux, / Senac.
Turin.... { Ch. Bocca, / Pic.
Valenciennes, Lemaitre.
Vienne, Shalbacher.
Warsovie, Klugsberg.
Ypres, Gambart-Dujardin.

———

DE L'IMPRIMERIE DE PILLET AÎNÉ.

VUE de la MAISON de LONGWOOD prise du JARDIN FLEURISTE.

CARNET D'UN VOYAGEUR,

OU

RECUEIL DE NOTES CURIEUSES

SUR LA VIE, LES OCCUPATIONS, LES HABITUDES

DE BUONAPARTE

A LONGWOOD;

Sur les principaux habitans de Sainte-Hélène,
la description pittoresque de cette île, etc.;

Prises sur les lieux, dans les derniers mois de 1818.

AVEC TROIS VUES COLORIÉES

De l'ancienne et de la nouvelle maison de Buonaparte,
dessinées d'après nature.

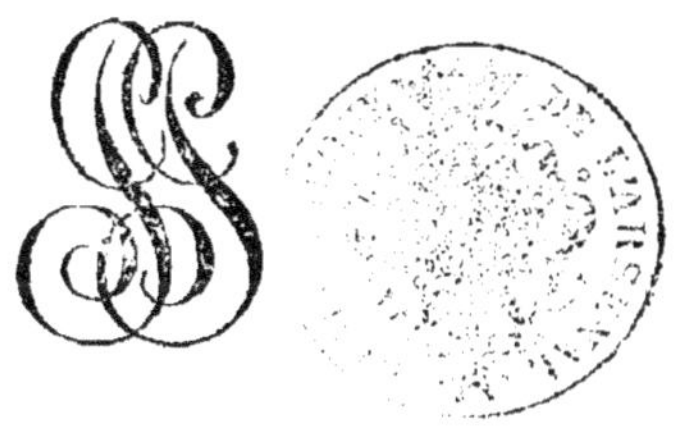

CHEZ PILLET AÎNÉ, IMPRIMEUR-LIBRAIRE,
ÉDIT. DE LA COLL. DES MŒURS FRANÇAISES,
RUE CHRISTINE, N° 5.
1819.

AVERTISSEMENT

DE L'ÉDITEUR.

LES notes curieuses dont j'offre ici le recueil ont déjà servi à la rédaction d'un ouvrage qui paraît depuis deux mois en Angleterre. Comme cet ouvrage semblait composé dans une intention politique, j'ai cru que sa traduction en français serait moins agréable que la publication des matériaux tels qu'ils ont été recueillis par le voyageur. Le possesseur de ces notes ayant bien voulu se prêter à cette idée, nous y avons trouvé le double avantage d'éviter, *autant que possible*, tout ce qui pourrait heurter les opinions, et de faire connaître une foule de renseignemens et de faits intéressans que le but politique de la brochure anglaise avait forcé d'écarter.

INTRODUCTION.

Il est de ces êtres fantastiques que la nature produit hors de ses règles pour montrer la liberté de ses œuvres, l'étendue de sa puissance, et faire disparaître dans l'infini le cercle des idées humaines.

Moïse séparant un peuple esclave d'un peuple maître, entraînant du Nil au Jourdain, au milieu des mers profondes, à travers les sables arides, des femmes, des enfans, des vieillards.... Mahomet créant par l'imposture et l'épée un empire qui devait embrasser la moitié de l'ancien univers, sont des personnages surnaturels que l'imagination peut associer à ses rêves, mais que la raison ne peut comprendre.

Le rapprochement de ces deux noms, qui, par des moyens opposés, se sont placés dans notre idée à peu près à la même hauteur, prouve que l'étonnement, plutôt que l'admiration, fonde l'illustration des mortels. C'est le grand que nous cherchons dans ceux qui ont passé sur la terre; et les grandes ames, dit Platon, enfantent de grandes vertus ou de grands crimes.

Quand les hommes sont séparés de nous par la longue distance des siècles, la pitié, la reconnaissance, la haine, et les autres intérêts de notre cœur, ne s'attachent plus à leurs faits : l'imagination seule franchit l'espace; ils apparaissent à elle dépouillés des formes humaines, et beaux du merveilleux qu'elle enfante.

Parmi les grands caractères que la nature a tracés, un des plus extraordinaires est Napoléon Buonaparte. Quelqu'influence terrible qu'ait exercée sur la France et l'Europe l'apparition de ce phénomène, il y aurait peut-être quelque grandeur à nous revêtir un moment de l'indifférence des siècles à venir, non pour juger des actions qui ne sauraient l'être sans blesser la conscience humaine, mais pour enrichir nos idées d'un nouveau personnage épique, que nous ne pouvons apercevoir qu'avec les yeux désintéressés de la postérité.

A peine entré dans la vie, il éleva ses regards vers le destin, et plaça son idéal à cette hauteur démesurée qui ne voit ni le juste, ni l'injuste, ni les vertus, ni les crimes.

Il contempla les nations de l'Europe, compara la liaison de leurs intérêts, l'unité de leurs mœurs avec l'imperfection de leurs rapports entre elles, sources de divisions et de guerres, et crut que le tems était venu de fondre ces sociétés diverses en une société unique, que leur civilisation uniforme lui paraissait exiger (1).

(1) Ce plan de monarchie universelle, long-tems

Il étudia avec soin les règles de la vie pratique, en découvrit les limites, et résolut de les franchir pour atteindre son but, qu'il apercevait au-delà.

Agrandi à ses propres yeux par l'immensité de ses desseins, inspiré dans ses actions, mystérieux dans ses discours, impénétrable dans ses vues, échappant à tous les obstacles en franchissant toutes les règles ; ardent, impétueux, terrible, il apparut aux mortels grand de la puissance de la fortune, et entouré d'un prestige que ses revers n'ont pu dissiper.

Un caractère si imposant devait répandre sur sa vie cette teinte de merveilleux qui usurpe l'admiration.

La vue pleine de son but, le dévorant de tous ses vœux, il s'élança vers lui, prenant pour le conquérir tout ce qui se trouvait à sa portée. Les talens, les forfaits, les trésors, les hommes, les peu-

pressenti par les hommes éclairés, a été avoué par Buonaparte, dans le préambule de l'acte additionnel.

ples, les générations entières devinrent dans ses mains des moyens matériels dont il se servait comme de la foudre, et auxquels il imprimait la force et la rapidité de sa pensée. Décisif dans ses actions, aucun intervalle de réflexion ne les séparait de ses idées, il tranchait le sort des mortels avec l'aveugle assurance du destin.

Placé hors de la nature, il méprisa toutes ses lois; il traîna le midi dans le nord; le nord attaqué jusque dans ses frimas s'en servit pour le frapper : Muse de l'épopée ! que de grandes images sa vie livre à tes pinceaux !

Dès-lors s'évanouit aux regards des peuples l'auréole qui ceignait sa tête; dépouillé de ses vastes desseins, il sembla tomber dans la nature humaine. Ses crimes, isolés de leur but, privés des couronnes de l'avenir, blessèrent les consciences dont ses triomphes avaient déconcerté les arrêts.

Quelques traits de ce personnage portent un caractère poétique qui lui est exclusivement propre, parce que lui seul, entre les potentats, a pu méconnaître cette vérité : que le gouvernement des peuples étant une science pratique, les opérations du génie doivent se plier à ses règles, et non l'entraîner dans leurs rêves.

L'idée de bloquer l'Océan par la conquête de la terre, afin de dompter une île rivale, est une conception épique du domaine de la plus haute poésie ; la consacrer dans un décret, et en suivre l'exécution, est l'acte d'un orgueil démesuré qu'on peut bien prendre pour de la folie ; mais il y a, dans cet acte, quelque chose de si nouveau pour nous, de si contraire aux idées reçues, et en même tems de si gigantesque, que l'imagination séduite est presque tentée d'absoudre ce que la raison condamne.

La vie de cet homme célèbre a même

révélé à l'épopée une conception qui semble accroître son domaine. Jusqu'ici nos poètes n'imaginaient point la grandeur au-delà des victoires et des succès : commander à l'univers, ou mourir, était à leurs yeux le plus haut degré du sublime. Cette pensée était trop bornée pour l'homme qui ne connut de bornes à rien. Être *lui-même* indépendamment des événemens ; se montrer ainsi supérieur aux caprices du sort, vivre en paix avec les souvenirs de sa fortune, aller à l'île d'Elbe, en revenir, suivre son destin sur les rochers de Sainte-Hélène, sans perdre ni l'idée de son importance, ni son caractère inflexible, comme si tout cela était inhérent à sa nature ; se complaire dans cette anxiété du monde qui s'attache à son existence, *n'est-ce pas mieux que d'avoir fini par un suicide, comme un joueur qui a perdu son argent* (1) ? n'est-ce pas ajouter encore

(1) Mots de Buonaparte.

quelques pages à une grande histoire?

Ces pages, qui sans doute attendent la plume d'un philosophe, je n'ai point la prétention de les offrir dans ces Mémoires; c'est au moraliste qu'il appartient de montrer l'homme dont le nom seul semblait commander aux destinées du monde, l'homme qui brisait les trônes et les élevait par l'effet de sa volonté; de le montrer captif et presque seul sur un rocher de l'Océan; de surprendre dans les secrets d'une vie inactive, dans l'emploi d'un tems qui désormais n'appartient qu'à la réflexion et à la solitude, cette ame extraordinaire dont la puissance sera pour les siècles à venir un sujet d'étonnement et de curiosité.

Pour moi, qu'une profession errante condamne aux hasards des navigations lointaines; qui ne fais, pour ainsi dire, que toucher à la terre de ma patrie, dont le premier vent de nord-ouest va m'arracher de nouveau; pour moi, à qui les dieux ennemis n'ont point permis de suspendre, comme dit Hésiode, le gouvernail de mon navire à l'âtre de ma cheminée ; dont l'esprit, incessamment sollicité par les nouveaux rivages que je visite, par les nombreuses superficies que j'examine au passage, est privé de cette stabilité nécessaire pour pénétrer dans le fond des choses, je me contente d'amasser des matériaux que j'offre à mes concitoyens, laissant à de plus habiles le soin de les mettre en œuvre. C'est ainsi que dans la république des abeilles des essaims de voyageuses vont chercher au loin la cire et le miel, tandis que les plus adroites ouvrières restent dans l'intérieur de la ruche pour construire ces cellules qui font l'admiration des hommes.

Il me paraît peu important pour le lecteur de savoir toutes les circonstances de mon séjour à Sainte-Hélène ; ce n'est assurément pas mon histoire que je veux lui offrir ; l'histoire d'un homme privé n'appartient qu'à ses parens et à ses amis : je dirai donc seulement que, retenu par quelques contre-tems dans cette île où j'avais relâché en revenant des grandes Indes, je crus ne pouvoir tirer un meilleur parti de cette contrariété que de recueillir tous les renseignemens que je pourrais me procurer sur le personnage qui l'habite. Ma curiosité à cet égard était vivement excitée et par l'intérêt que j'ai toujours porté à ce qui concernait la vie, le caractère et la destinée de cet homme extraordinaire, et par le désir d'être à même de donner à mes concitoyens tous les détails qu'ils pourraient désirer à cet égard ; détails dont je les savais très-avides.

Outre que la distance où Sainte-Hélène se trouve de la civilisation européenne est un obstacle à ce que tous les faits relatifs au prisonnier de Longwood soient exactement connus, il semble que les grands

intérêts politiques dont le choc produit
en Europe une confusion au travers de laquelle la vérité a tant de peine à se faire
jour, étendent jusqu'à Sainte-Hélène leurs
frottemens et leurs ombres. Rien, en effet,
n'est plus contradictoire que les rapports
publiés jusqu'ici relativement au trai-
tement qu'on fait éprouver à Buonaparte
dans sa captivité : d'une part, les lettres de
Las Casas et de Sintini, le discours de lord
Holand au parlement, et les détails publiés dans les journaux de l'opposition
nous peignent, comme un hideux séjour
voué par son insalubrité, par les incom-
modités qu'il présente, aux maladies et
à la mort, la solitude de Longwood; et
sir Hudson Lowe comme un barbare
geolier occupé jour et nuit, non pas à
surveiller les approches de la prison,
mais à persécuter, à supplicier le prisonnier par des vexations que réprou-
vent également l'humanité et l'honneur
britannique; d'autre part, les amis de sir

Lowe, les journaux du ministère et les membres du parlement attachés à ce parti, se sont mis en frais de poésie descriptive pour peindre la beauté de cette habitation, la fraîcheur de ses bosquets, les riants aspects qu'elle présente, la pureté du ciel et la douceur du climat; ils ont peint le gouverneur de l'île entourant son prisonnier de ces égards, de ces soins recherchés et délicats qu'un courtois châtelain aurait pour une belle captive; à les entendre, Longwood serait un lieu de délices, une espèce de palais enchanté où toutes les douceurs de la vie se trouveraient amoncelées par les soins de quelque divinité consolatrice des grandes infortunes.

Ces exagérations opposées ne peuvent faire naître à une si grande distance que le doute et l'ignorance absolue. Le grand homme que la curiosité de l'Europe a suivi dans sa retraite, se perd en quelque sorte au milieu des débats dont son existence est l'objet, et des passions que ces débats font naître entre les partis. Je m'étais procuré au Cap, et j'avais, avant de débarquer à Sainte-Hélène, lu avec beaucoup d'attention tout ce qu'on avait imprimé sur le séjour de Buonaparte dans cette île, et je proteste que toutes les idées que je m'étais faites se sont trouvées entièrement fausses.

Je crois donc être agréable à tous les hommes impartiaux en publiant le résultat de mes recherches pendant un séjour assez long dans cette île; je ne dirai rien dont je ne me sois assuré par mes yeux, pour ce qui aura été de nature à être vérifié, ou qui ne soit de notoriété générale et incontestée dans l'île, pour les faits antérieurs à mon arrivée; je bornerai mon rôle à celui d'un fidèle narrateur, abandonnant aux lecteurs les réflexions qui naîtront de mes récits: car, encore une fois, ce sont des matériaux que j'amasse, et non

pas une histoire que j'écris ; je n'ai de
prétention qu'à la confiance, je ne vise
qu'à la véracité.

CARNET

D'UN VOYAGEUR.

I.

Description de l'île Sainte-Hélène.

—

Lorsqu'on approche de Sainte-Hélène
on est frappé de la hauteur prodigieuse
de cette masse de terre qui s'élève presque dans les nuages ; mais cet aspect devient plus hideux et plus terrible à mesure qu'on arrive plus près de ses rivages escarpés. Vus de l'ancrage, les monts
pelés et arides, presque perpendiculai-
res, qui environnent James-Town, et
dont le flanc rocailleux semble devoir

repousser toute culture, ne font naître dans l'esprit qu'une seule idée, celle de ces montagnes de supplice où les dieux attachaient les Titans qui escaladèrent le Ciel ; et telle est la grandeur des images, que le nom du prisonnier impose à la pensée, qu'en mesurant l'élévation de ces pics, l'œil y cherche involontairement un géant enchaîné sur les rochers qu'il avait entassés.

Madame Bertrand, au premier aspect de cette île, fut frappée d'étonnement ; et l'horreur que lui inspira la vue de cette retraite lui arracha une exclamation qui n'est assurément pas de très-bon goût, mais qui, dans son espèce de cynisme, peint fort bien la hideuse grandeur de ces lieux : « Le diable, s'écria-t-elle, a ..... cette île en volant ! »

Quand on débarque à James-Town, l'aspect change d'une manière agréable, et présente à l'œil une ville singulièrement propre et bien bâtie, quoique petite.

En s'avançant quelques milles dans la campagne, soit par le sentier de côte ou la colline de l'Echelle, l'étranger est agréablement surpris de trouver, à une hauteur de douze à quatorze cents pieds au-dessus du niveau de la mer, un pays riant et fertile à l'excès. Pendant deux milles l'œil se repose de chaque côté sur des vallons de la plus belle verdure, garnis de fermes bien cultivées, et très-rapprochées les unes des autres ; la route qui conduit de Plantation-House à Sandy-Bay, l'un des sites les plus charmans et les plus romantiques que j'aie vus, serpente à travers des haies d'aubépine et des buissons de mûriers sauvages, et conduit le voyageur à la porte de Kason.

Toute la campagne, vue de la colline où est assise la maison de M. Doveton à Sandy-Bay, est vraiment superbe jusqu'à la montagne de Rock-Rose, où une jolie maisonnette, appartenant à la veuve du capitaine Karnes, offre un couvert hospitalier au voyageur. La vue qui s'étend sur la baie Prospern contraste d'une manière agréable avec la douce verdure du vallon d'Arno, et le bois toujours couvert de nuages qui couronne le sommet du pic de Diane ; de là, gagnant la route qui conduit à Hut'sgate, et passant à travers la campagne par le chemin qu'on a pratiqué exprès pour Buonaparte, l'œil est charmé d'un tableau entièrement neuf et gracieux. La maison et les champs de madame Mason, la maisonnette de Ross avec ses étangs ombragés par des saules pleureurs, et celle de Prospect-Hall, sur sa terrasse en étages, vivifient la profonde vallée qui borde le chemin.

En tournant à droite vers Longwood, le pays présente un aspect différent, et la ravine connue sous le nom tout marin de *Boole de punch du diable*, forme une opposition tranchante avec la verdure du champ des Courses, le camp de

Dedwood , et les plantations de la maison de Longwood, située sur une élévation qui domine les environs, à la droite et à un quart de mille du chemin.

En retournant vers la ville, une maison de plaisance, appartenant à sir Thomas Reade , auprès de la maison d'alarme, se présente à la vue (1).

Le bon goût et un travail bien dirigé rendent de plus en plus fertile ce terrain , autrefois inculte, et il atteindra bientôt la richesse de celui sur lequel réside M. Brook, secrétaire en chef de l'île, de l'autre côté de la colline.

Lorsqu'on porte de là ses regards sur Plantation-House , l'œil traverse une autre étendue de pays bien cultivé, et les maisons de campagne de sir George Bingham , de M. Desfontaine et autres colons, varient le tableau par les diffé-

(1) Ce poste est la limite des promenades à cheval que peut faire Buonaparte de ce côté de l'île sans être accompagné.

rentes teintes des feuillages, dans lesquels ils paraissent à moitié ensevelis.

Dans le cours d'une vie errante, je n'ai jamais vu une plus grande variété d'objets qu'il n'y en a de répandus dans l'île Sainte-Hélène. La vue imposante et hardie du pic de Kigh-Koll, se levant du milieu d'un vallon tranquille et gracieux. La richesse de la verdure opposée aux rochers âpres et bruns qui bordent le rivage, et qui de loin en loin se présentent aux regards : des fermes bien entretenues mêlées avec des pièces d'un terrain évidemment volcanique, et l'étendue magnifique de l'horizon, qui termine presque tous les points de vue, feraient de l'île de Sainte-Hélène une retraite pleine d'intérêt et d'agrément, si l'on portait dans ces montagnes une ame entièrement dégagée des affaires du monde, car la disposition de l'esprit influe plus qu'on ne croit sur les objets extérieurs. Il n'est pas de beaux sites pour le pros-

crit qui ne doit plus revoir sa patrie !
toutes les retraites sont des cachots pour
le conquérant dont on a brisé le sceptre
et l'épée (1) !

La résidence du prisonnier sera très-
favorable à l'île, en appelant l'attention
de la métropole sur cette colonie, qui
autrefois n'était qu'un lieu de relâche ;
la culture a, depuis quelques années, fait

(1) « Pour le voyageur qui à la suite d'une longue
traversée débarque dans cette île, après avoir eu long-
tems les yeux fatigués par l'ennuyeuse uniformité des
flots de la mer, celui-là se trouvera peut-être disposé à
admirer le sol sur lequel il remet enfin le pied. Celui-
là encore qui par un beau jour parvient, après avoir
long-tems gravi, jusqu'à notre plaine ardue, frappé
d'étonnement à la vue des terribles masses de rochers
dont il est entouré, de l'effrayant abîme qui se trouve
à ses pieds, et de l'aspect plus riant de quelques pois
verts dans les enfoncemens ou les crevasses des rochers; celui-là, dis-je, s'écriera involontairement
peut-être : « Ah ! que c'est beau ! » Nous avons mal-
heureusement été souvent forcés d'entendre cette exclamation. Mais pour celui que le sort a condamné à
traîner ici sa vie, c'est un triste et mélancolique séjour.»
(*Mémoires de Las-Casas.*)

des progrès incroyables, et il est hors de doute que si l'on continue le système d'encouragement qui a été suivi par les derniers gouverneurs , Sainte - Hélène pourra devenir indépendante de tout secours étranger pour ses provisions de grains ; si cela était , aucune puissance sur la terre ne pourrait subjuguer cette petite nation.

La ville ne profite pas moins que la campagne des soins dont Sainte-Hélène est maintenant l'objet ; on y construit un nouveau palais de justice, une prison , un corps-de-garde et un cercle pour les assemblées, ce qui ajoutera à l'apparence , à la sécurité et aux amusemens de cette petite ville. On construit aussi de nouvelles batteries sur certains points de la côte.

Depuis la détention de Buonaparte, la compagnie des Indes a établi à James-Town des magasins où les militaires et les colons peuvent s'approvisionner de

tous les articles d'Europe et de l'Inde à
des prix modérés. La destruction du
monopole, que les marchands de cette
ville exerçaient dans toute sa vigueur
pendant que les bâtimens y relâchaient,
diminue leurs profits, et l'interruption
du commerce américain les prive de
quelques bénéfices ; mais les habitans du
pays en général, les fermiers et les plan-
teurs, profitent beaucoup de la présence
des troupes et des détenus eux-mêmes,
puisque la consommation des articles de
nécessité pour la vie est augmentée
considérablement.

II.

Longwood.

—

JE me promenais un matin près de Longwood ; je contemplais cette habitation à jamais célèbre. « Que de gens, me disais-je, voudraient savoir comment est située, comment est divisée cette maison ! » Quelle diversité d'intérêts, outre celui de la curiosité, qui n'est assurément pas le moins vif, feraient attacher de l'importance à connaître ce petit édifice, et que de motifs s'opposent à ce qu'on puisse obtenir, à quelques mille lieues de distance, des notions exactes sur un objet qui sera représenté avec des traits si opposés : d'une part,

VUE de la MAISON de LONGWOOD prise du chemin qui conduit à DEDWOOD.

les personnages qu'on y retient le dé-
peindront à leurs amis sous les sombres
couleurs dont la captivité a voilé leurs
ames. Celui-là serait peu digne de la liberté, qui pourrait se plaire dans une solitude qu'elle ne partage pas avec lui :
tout est hideux et aride où règne l'es-
clavage et la contrainte ; en vain la nature et l'art sembleraient lutter de prodiges au milieu d'un cordon de sentinelles ; un palais est un cachot quand on y
est détenu : il n'est pas de jolie prison.
D'un autre côté, les ennemis du souverain déchu, qui voudraient lui ravir jusqu'à cette pitié aveugle que font naître
les grandes infortunes, n'exagèrent-ils
pas les agrémens de cette demeure ? ne
s'efforcent-ils pas de la représenter
comme un de ces pavillons enchantés
que Schœnbrunn et Trianon livrent à
l'étonnement du voyageur ; comme une
retraite délicieuse qu'envierait le goût
difficile de nos Crésus ?

4

Ces réflexions me firent naître l'idée de rapporter en Angleterre des dessins coloriés de ce séjour. Je les ai joints à mes notes afin de transporter en quelque sorte mes concitoyens sur les lieux que je décris pour eux. Ces feuillets ne seront certainement pas les moins curieux de mon carnet.

C'est sans doute à la fraîche haleine des vents alizés du sud-est, qui englobent cette petite contrée, qu'on doit attribuer la prospérité de la végétation sur une terre aussi élevée, et sous un ciel d'une sérénité éternelle. Cette douce influence tempère si heureusement la chaleur du climat, que le mercure reste constamment prisonnier entre le 60e et le 75e degrés du baromètre, et que sous la zone du tropique on peut sortir à toute heure sans être plus incommodé de la chaleur qu'à Londres ou à Paris ; mais on ne saurait ici prolonger la promenade après le coucher du soleil : la transition du jour à l'obscurité la plus profonde est presque subite. Au matin, le soleil ne se montre sur l'horizon que pour l'inonder de torrens de lumière ; le soir, il cède à la nuit, sans le lui disputer, le domaine qu'elle vient lui ravir. Ainsi cette lente dégradation des rayons et des feux du jour, qui donne tant de charmes à nos promenades du soir ; ces scènes si variées du crépuscule qu'éclaire une lumière douteuse, et qui conduisent si doucement nos idées du bruit au silence, du travail au repos, de la joie de la nature à son sommeil, sont des plaisirs inconnus dans cette contrée.

III.

Vieux-Longwood.

—

La première vue que j'ai dessinée est celle du Vieux-Longwood, prise du jardin aux fleurs.

L'habitation tire son nom (*Longwood,* en français *grand bois*) de ce qu'elle touche à une forêt qui, en droite ligne, a près de quatre milles (une lieue et demie) d'étendue. — La maison, assise sur une pelouse extrêmement fraîche, est entièrement cachée par les arbres qui l'entourent à quatre cents pas de distance. Ce *jardin aux fleurs,* dessiné avec goût, et qui présente les gazons les plus frais, émaillés avec profusion des fleurs les plus éclatantes, est ainsi nommé pour le distinguer du jardin potager, qui couvre environ trois ou quatre acres de terre, à cent pas de la maison, et qui, sous la direction de l'habile Porteus, jardinier de la maison, produit les plus beaux et les meilleurs légumes qu'on puisse trouver.

La partie de bâtimens qu'on voit du chemin avec un fronton au-dessus de quatre fenêtres, donnant sur le pont, est l'habitation du comte Montholon et de sa famille. Ce logement, arrangé à la hâte, est loin d'être aussi commode qu'on pourrait le désirer ; mais dans la nouvelle maison on a ménagé des appartemens convenables pour cette famille.

Le bâtiment qui s'avance aux regards contient la salle de billard et le salon de compagnie. — Sur le derrière, dans le corps-de-logis, est la salle à manger. — Les quatre premières fenêtres qu'on aperçoit sur le côté sont celles de la bibliothèque ; les quatre plus éloignées sont celles de la chambre à coucher et du cabinet de toilette. — Par derrière est la salle de bains et le cabinet où couche habituellement le valet de chambre,

Quant à l'ameublement et aux dispositions intérieures de la maison, je ne puis en donner une meilleure idée qu'en la comparant à toute maison de même dimension, habitée par une famille anglaise bien réglée, des hautes classes de la société. Elle offre, en un mot, un ensemble de choses commodes et convenables, que nous désignons si bien dans notre langue par les mots *snug* et *comfortable*.

IV.

Nouveau-Longwood.

—

Le Nouveau-Longwood est assurément
la plus belle et la plus grande habitation
qui soit dans l'île. On trouverait en Angleterre très-peu de *maisons de campagne* qui fussent plus élégantes et plus
spacieuses. La vue que j'ai dessinée est
prise du jardin potager entre les portails
et la petite maison du lieutenant Jackson;
les fenêtres qui sont dans le corridor
éclairent un salon de compagnie et une
salle de billard ; la grande fenêtre qui se
trouve dans l'aile gauche est celle de la
bibliothèque, pièce superbe et dans les
plus belles proportions, qui communi-

que par un vestibule avec la chambre à
coucher de Buonaparte, son cabinet de
toilette, sa chambre de bains, le cabinet
de son valet de chambre, et tous les ac-
cessoires obligés d'un appartement com-
plet. La salle à manger est dans le centre
de la maison et communique avec les
pièces qui sont sur la façade ; l'aile
droite contient une file de beaux appartemens destinés à la famille Montholon.

Les bâtimens éloignés, et qui touchent
à la nouvelle maison, sont les cuisines,
écuries, offices, chambres de domestiques, etc. La résidence du comte Bertrand ne peut se voir dans le dessin que
je donne ; elle se trouve à environ qua-
rante pas des portes-barrières, et a été
arrangée pour lui de la manière la plus
commode.

VUE de la NOUVELLE RÉSIDENCE de BUONAPARTE prise de la maison du LIEUTENANT JACKSON

V.

Buonaparte.

—

LE 12 novembre, j'ai vu le prisonnier.
— Il était dans la galerie qui touche à
la salle de billard.— Ce qu'il y a de plus
frappant en lui, c'est la grosseur surna-
turelle de sa tête. — Il était coiffé d'un
madras rouge. — Il se promenait en
sifflant. — Il paraît que son habitude
mimique est d'avoir les mains dans les
poches de ses culottes; il ne les ôte de
cette position que pour prendre du ta-
bac, ce qu'il fait très-fréquemment. —
Il a la jambe belle et le mollet très-gros.
— Il paraissait très-bien portant et de
la meilleure humeur.

J'ai peine à concevoir la parfaite indifférence qui paraît régner dans l'île sur le compte du grand homme qui l'habite. Soit que son séjour prolongé dans un cercle aussi étroit ait épuisé toutes les petites émotions dont les habitans sont susceptibles, ou que la curiosité se soit éteinte faute de nouveaux alimens, à peine son nom est-il prononcé dans les sociétés, excepté lorsque parfois un étranger fait quelques questions à ce sujet.—Les différends entre Buonaparte et sir Lowe, différends dans lesquels les autres habitans de Longwood et quelques officiers se trouvent assez souvent mêlés, ne sortent pas de la garnison, les colons n'y prennent aucun intérêt.

VI.

Buonaparte. — Sa vie domestique.

Buonaparte se lève habituellement à huit ou neuf heures. Il déjeûne, se promène, puis il rentre dans sa bibliothèque, où il dicte à Montholon, qui lui sert de secrétaire, quelques pages de ses Mémoires. A une heure, il prend un bain qu'il prolonge quelquefois jusqu'au dîner, en société de Polybe, de Plutarque et de Montesquieu, ses auteurs favoris.

Il dîne à trois heures ; souvent tout seul, quelquefois avec M. et madame Bertrand, quelquefois avec M. et madame Montholon ; mais rarement ces deux familles se trouvent ensemble auprès de lui. Après le dîner, lorsque des images trop sombres n'obsèdent point ses pensées, il se promène avec ses commensaux dans la galerie et la salle de billard jusqu'à ce que le café soit servi ; il va ensuite à la promenade, soit à pied, dans le jardin de Longwood, où une tente lui a été dressée afin qu'il puisse gagner le parc sans être exposé à l'ardeur du soleil ; soit à cheval, quand son amour pour cet exercice l'emporte sur sa répugnance à subir les restrictions qu'on a mises à sa liberté.

VII.

Ses Mémoires.

—

Le plus grand intérêt qui paraisse l'occuper dans sa retraite, est la rédaction de ses Mémoires. On conçoit, en effet, combien il importe à sa gloire et à son caractère historique que les faits dont se compose sa longue carrière soient présentés sous la couleur la plus propre à imposer l'étonnement et à captiver les suffrages; il est essentiel pour lui de pouvoir combattre à l'avance les accusations qui seront portées contre son nom par les haines qu'il a soulevées; il faut qu'il explique des revers qu'on appellera des fautes; il faut qu'il tra-

duise lui-même devant le tribunal de
la postérité jusqu'aux crimes qu'il a
commis, sinon pour les dérober à la justice, au moins pour qu'ils ne soient
point séparés de leurs causes et de leurs
résultats. Cette tâche est plus difficile
qu'on ne croit, parce qu'il ne s'agit plus
de parler du haut du trône à une popu-
lation soumise qui ne peut pas examiner
de trop près les argumens qu'on lui présente ; mais de parler en quelque sorte à
l'opinion souveraine, qui ne juge pas
arbitrairement, mais d'après un code
écrit.

Aussi ces difficultés embarrassent-
elles fort souvent Buonaparte, au point
qu'il a recommencé plusieurs fois tout
l'ouvrage.

On ne sait absolument rien sur la manière dont ces curieux monumens seront
traités ; Las Casas et Montholon sont
les seuls qui en aient connaissance ; mais
leur discrétion n'a rien laissé percer ni

sur le plan ni sur l'exécution de l'ouvrage, qui sera probablement très-étendu.

L'importance que met l'auteur à ce qu'ils ne soient connus de personne avant leur publication est poussée si loin que deux volumes de ces Mémoires ayant été saisis parmi les papiers du comte Las Casas lorsqu'il fut arrêté à Longwood et conduit au Cap, Buonaparte, à qui on les fit rendre sur-le-champ, les jeta au feu devant l'officier qui les lui rapportait. Il se mit le jour même à les recommencer avec une nouvelle ardeur.

VIII.

De la Table.

—

QUE peut-on faire dans l'exil, sur un rocher isolé au milieu des mers, quand on tombe du faîte des plus grands intérêts dans le cercle des intérêts domestiques ? — *Manger ;* car ce mot est la vie de l'homme, réduite à sa plus simple expression.

Et dans cette réduction il y a encore des charmes. Goûter de ces mets parfumés pour lesquels on a mis à contribution toutes les saveurs de la terre ; reposer ses regards fascinés sur la coupe où jaunit le madère, où pétille le champagne ; prolonger l'heure du repas en méditant sur le néant de la gloire et du monde; rapprocher les rêves de la vie politique des biens positifs de la vie physique, et, pour rendre la comparaison plus facile, mêler une aile de perdreau avec le souvenir d'une victoire, une réflexion et une tranche de bœuf, n'est-ce pas là de la philosophie pratique?

Autrefois, les grands de la terre demandaient à la religion des consolations dans les revers; maintenant, la table les reçoit quand la fortune les trahit.

Un confesseur ou un cuisinier, voilà le choix qui reste aux rois détrônés.

Voyons donc comment notre grand homme *est nourri;* l'expression est un peu triviale, mais enfin, quand cinq heures sonnent, la plus grande ame du monde doit tribut à un estomac.

Je donne ma propre opinion sur les mets qui sont servis au prisonnier. Je la base, non sur des rapports qui pourraient être plus ou moins exacts, mais sur l'avis de mon palais. J'ai mangé, sinon à sa table, du moins de ce qui était destiné à y paraître.

Le bœuf : il est anglais, c'est tout dire.

Nos gros aldermen n'en mangent pas de meilleur le jour de Noël.

L'homme qui le fournit est un nommé *Burther,* habitant de la vallée d'Arnay.

Le mouton, né dans l'île, dont les herbages lui sont très-favorables. — La chair en est succulente et aromatisée.

Quant aux autres articles du *bill of fare,* si je ne devais pas me défier du plaisir qu'éprouve un marin éloigné depuis long-tems d'Europe à retrouver ses anciens amis, je dirais que les vins, le macaroni, l'huile, etc., sont d'une qualité exquise.

Un de mes amis, employé chez le commissaire-pourvoyeur, m'ayant un jour ouvert le registre des dépenses, j'ai copié sur mon carnet le tableau ci-dessous, qui s'écarte en plusieurs points de celui qu'on a fait circuler à Londres, il y a deux ans.

Liste des articles fournis à Longwood dans le mois de juin 1816.

Vin de Bordeaux.	240	bouteilles.
— de Grave.	60	
— de Madère	30	
— de Ténériffe	150	
— de Champagne	15	
— de Constance.	15	
— du Cap.	630	
Bière de table et cidre. . . .	180	
——— commune, autant qu'on en demande.		
Farine superfine	100	livres.
Riz	150	
Beurre	300	
Fromage.	60	
Sel	80	
Vermicelle.	45	
Macaroni	45	
Huile à salade.	32	bouteilles.
Vinaigre.	41	

Lard	60	livres.
Poivre.	10	
Moutarde	5	bouteilles.
Cornichons confits au vinaigre.	6	
Olives.	12	
Jambons.	12	
Langues fourrées.	12	
Savon.	30	livres.
Bois à brûler.	20,160	
Chandelles.	240	
Pommes de terre.	15	boisseaux.
Sucre candi	300	livres.
Charbon de terre.	1,440	boisseaux.
Bœuf et veau	1,200	livres.
Mouton	1,500	
Pain.	1,800	
Œufs	1,080	
Lait.	420	bouteilles.
Pigeons	30	
Cochons de lait.	4	
Oies.	8	
Canards.	16	
Volailles.	240	
Thé noir.	15	livres.

Thé vert.	15
Rum	2 bouteilles.
Ficelle.	1 livre. *

Légumes, fruits et poisson, autant qu'on en demande, suivant la saison ; confitures de toute espèce, liqueurs et conserves de chez Hoffman, qu'on porte sur les comptes journaliers.

Cette liste me suggéra une remarque importante ; je la soumis à mon ami. J'ai pris note de sa réponse ; voici l'une et l'autre :

La quantité de champagne n'est pas en proportion avec les autres vins. — C'est le comte Montholon qui l'a fixée ainsi que le nombre des jambons.

Dans le commencement, on servait à Buonaparte beaucoup de jambons aux

* Je demandai pourquoi l'on portait des ficelles parmi les comestibles ; on me répondit que c'était pour lier les sacs où l'on fait le *pudding*. — Moi, Anglais, je ne savais pas cela !

déjeûners ; cela l'ennuya : il ordonna à son cuisinier de les jeter par la fenêtre. Depuis ce tems, on a restreint la fourniture à ce qui était nécessaire pour l'office.

J'ai procédé en gourmand dans ces notes : j'ai parlé de la table avant tout ; et en parlant de la table, j'ai mentionné le macaroni et le vin de Champagne avant le pain et l'eau. Le pain est d'une qualité assez bonne, l'eau est excellente pour les amateurs ; un homme est uniquement employé à en fournir Longwood : il la tire d'une source située près de l'habitation du docteur Kay.

IX.

Les Grognemens.

—

Tout ce qui, dans un grand homme, paraît s'écarter de la dignité et de la noblesse qu'on attache aux moindres traits de son existence devient, par cela seul, une singularité qu'on ne peut se dispenser de relater pour la livrer aux méditations du moraliste. Par exemple, il peut être curieux de rechercher quelles causes produisent chez des hommes supérieurs ces habitudes machinales, ces tics involontaires dans lesquels une certaine disposition d'humeur, assez bornée dans ses effets, assez uniforme dans son action, paraît s'emparer de quelques-unes de leurs facultés physiques, et les gouverner à l'insu de l'esprit absent.

C'est sans doute à l'activité d'une imagination qui ne trouve plus rien dans le vaste cercle où elle avait coutume de se mouvoir, au malaise habituel d'une ame qu'un mur d'airain semble séparer de l'avenir, et qui ne peut se repaître que de vains souvenirs ; c'est à la préoccupation et aux vagues regrets inséparables d'un tel état, qu'il faut attribuer l'espèce de tic que Buonaparte a contracté depuis qu'il est à Sainte-Hélène.

Ce tic consiste à froncer les sourcils et à prononcer, la bouche fermée, de ces sons brefs et inarticulés, qu'on ne peut désigner autrement que par le mot *grognemens.* Quand Buonaparte éprouve quelques contrariétés nouvelles, ces grognemens deviennent plus fréquens, quelquefois il les accompagne par des marques d'impatience, quelquefois aussi il les modifie sur la mesure d'une marche

de tambour, et il va même jusqu'à les
moduler sur un de ces airs favoris que
l'enfance imprima dans sa mémoire,
alors que la chanson joyeuse pouvait arriver jusqu'à lui. Cette manière de fre-
donner, qui participe également de la
tristesse et de la gaîté, de la résignation
et de l'impatience, a quelque chose d'a-
mer et de funeste qui déchire l'ame des
spectateurs. On aimerait mieux une dou-
leur bien déterminée, bien solennelle,
que cette lutte cruelle entre l'orgueil et
la philosophie, dans laquelle cette der-
nière n'a pas le dessus.

C'est sur-tout après le repas, lorsque
sa préoccupation seule l'enchaîne à la
table desservie, que ces sortes de com-
bats manifestent à l'extérieur toute l'a-
gitation de son ame. Tantôt la tête ap-
puyée sur ses deux mains, il paraît en-
foncé dans la mélancolie la plus noire ;
ensuite, les yeux fixes et immobiles sur
la nappe, il se met à murmurer un air en

battant la mesure avec son verre ; peu-
à-peu cette mesure devient vive et pres-
sée jusqu'à ce que, emporté par la vio-
lence de quelque mouvement intérieur,
il brise le verre en mille pièces; alors il
se lève brusquement de table et s'en va
dans la galerie. — Au calme qui repa-
raît sur sa figure, on dirait qu'il a pu se
dépouiller subitement de toutes les idées
qui obsédaient son imagination.

X.

Sobriquet de Bony.

—

Ceux des basses classes ont coutume
de désigner Buonaparte par une espèce
de sobriquet plus familier que malveil-
lant, et qu'ils ont formé d'une abrévia-
tion de son nom. — J'ai porté de l'eau
chez *Bony* ; j'ai cultivé le jardin de *Bony* ;
voilà comment d'obscurs manouvriers
désignent celui qui fit trembler le
monde.

XI.

Querelle de Buonaparte avec ses cuisiniers.

—

Dans le cercle étroit où l'on a resserré les intérêts et les idées du grand personnage, les traits que son caractère imprime à ses actions me paraissent d'autant plus dignes d'être recueillis, que ces actions elles-mêmes se rattachent davantage à la vie domestique, et sembleraient par conséquent devoir rentrer dans l'uniformité de la raison commune. Il nous est donc d'autant plus facile de saisir ces traits, qu'ils naissent de combinaisons plus rapprochées de nous ; ils se perdraient en quelque sorte à nos yeux dans le domaine vaste et élevé de la politique ;

mais dans le cadre de la vie privée, ils prennent une singularité qui nous frappe. Si l'histoire doit étudier la capacité des grands hommes et la puissance de leur génie dans leurs rapports avec les nations et les souverains, le moraliste ne doit point dédaigner d'observer leur caractère dans les petites affaires de leurs maisons et dans leurs démêlés domestiques ; il n'est pas d'ailleurs sans intérêt de retrouver dans Buonaparte, se querellant à Sainte-Hélène avec son cuisinier, l'homme qui apportait, dans ses contestations avec les rois ses voisins, un ton si absolu, si tranchant, si opposé à toute discussion.

Un jour, son cuisinier se croyant maltraité, alla se plaindre au gouverneur, qui, après l'avoir écouté, le renvoya à Longwood, en lui disant qu'il avait tort. A son retour, Buonaparte ne voulut pas avec raison qu'il rentrât dans la maison ; et sir Hudson Lowe, qui alors n'était pas aussi mal avec le prisonnier, lui envoya son propre cuisinier. Buonaparte fit venir cet homme dans sa chambre, et selon l'habitude qu'on lui connaît, il se mit à l'interroger. « Comment t'appelles-tu ? — Albey. — De quel pays es-tu ? — De l'Allemagne. — Dans quelle partie de l'Allemagne parle-t-on le meilleur allemand ?— A Leipsick. — A Leipsick ! reprit Buonaparte avec humeur ; à Leipsick ! ils ont sifflé cet homme pour me jeter Leipsick au nez... Qu'on le chasse.» En vain essaya-t-on de remontrer au général qu'on ne pouvait pas avoir prévu l'interrogation. « Qu'on le chasse ! répéta-t-il ; je ne veux pas de ces Allemands chez moi : ce sont des traîtres. Je n'ai jamais pu compter sur les Allemands ; j'avais vingt princes de cette nation dans mon armée, ils m'ont tous abandonné l'un après l'autre. Qu'on le chasse. » Et Albey fut chassé, ne s'attendant sans doute pas à se voir confondu, dans la colère de Napoléon, avec les princes de la confédération germanique.

Le gouverneur reprit son cuisinier, et envoya à Longwood celui de lord Amherst, ambassadeur d'Angleterre en Chine, qui à cette époque se trouvait à Sainte-Hélène, où il avait relâché à son retour.

XII.

Le colonel Dodgin.

—

Le colonel Dodgin, du 68e régiment, est un vieil officier, décoré de plusieurs ordres, et dont la franchise toute militaire est fort éloignée de savoir se prêter aux ménagemens et aux circonlocutions que la fréquentation des cours et des hautes sociétés européennes ont rendus si familiers à la plupart des officiers supérieurs du continent.

Présenté à Buonaparte, le colonel Dodgin, questionné sur ses services, crut devoir répondre avec ordre, et commença par les plus anciens : « J'ai servi d'abord en Egypte contre vous, dit-il. »

Buonaparte, sans vouloir entendre le reste, lui tourna les talons en disant à Montholon : « Vous allez voir qu'il aura servi aussi en Portugal et en Belgique. — Il a servi même en France, ajouta Montholon.— Parbleu ! dit Buonaparte *en grognant* (1), je sais bien que je suis ici dans le camp des ennemis... »

(1) Nous traduisons littéralement l'expression anglaise.

(Note du traducteur.)

XIII.

Les deux familles françaises.

—

MADAME Montholon est très-aimée des habitans de l'île ; c'est une femme intéressante par sa douceur et son aménité. Madame Bertrand, avec plus de fierté et plus de prétention à la gloire, possède une résignation moins vraie, et laisse souvent échapper de ces regrets amers que les souvenirs de la patrie arrachent aux exilés, et certaines expressions qu'on pourrait interpréter comme des désirs bien vifs d'être loin de là ; cependant elle ne manque aucune occasion de parler de sa fidélité inviolable ; et elle se montre aussi désireuse d'être agréable à

celui dont elle a voulu partager l'infortune, que son mari met d'empressement
à le servir.

Très-habile à seconder la politique du
cabinet de Longwood, je l'ai vue, lorsque Buonaparte répandait le bruit que
son revenu ne suffisait pas aux dépenses
de sa maison, emprunter un jour 2 schill.
de la femme d'un soldat nommé *Snell*,
pour faire une aumône ; elle fut plusieurs
jours sans acquitter cette dette.

Madame Bertrand a été élevée en
Angleterre, et par conséquent elle parle
fort bien anglais ; elle a des relations fré-
quentes à Londres avec lady Holand, qui
lui envoie des boîtes de livres, des ajus-
temens, et tout ce qu'on présume pouvoir adoucir les ennuis et les rigueurs de
sa solitude.

Les enfans des deux familles semblent
placés là pour donner un démenti aux
plaintes de leurs parens sur l'insalubrité
du climat ; ces charmans enfans, qui vi-

vent dans la maison même de Buonaparte, offrent, sur leurs joues de roses
et dans leurs yeux pleins de feu, les
marques de la meilleure santé.

Les officiers anglais ne sont pas, comme
on l'a dit, privés de la société de ces
dames, ils sont souvent admis à leur faire
la cour, et j'ai rencontré plusieurs fois
le lieutenant Jackson, officier de l'état-
major; le capitaine Nicols, du 65ᵉ régiment; le docteur Vergling, médecin de
l'artillerie royale, et plusieurs autres, se
promenant avec elles dans les parcs et
dans les environs de Longwood.

Madame Bertrand continue d'appe-
ler son mari le grand-maréchal du palais;
lui et le comte Montholon sont toujours
empressés à courir au moindre signe
de leur maître, soit pour ramasser son
mouchoir, soit pour lui présenter sa tabatière qu'il a déposée sur la cheminée;
ces services, rendus avec la plus grande
déférence, sont reçus avec la plus par-

faite dignité. Le général Bertrand n'a encore rien perdu du prestige qui l'a attaché à la fortune de Buonaparte, et il disait dernièrement « que le monde pouvait être divisé en deux grands partis, *les amis et les ennemis de l'Empereur.* »

XIV.

Mot de Bertrand.

—

Le comte Bertrand disait, pour prouver
l'inutilité des mesures vexatoires qu'on
employait contre les prisonniers de
Longwood : « Je demanderai au pre-
» mier étranger à figure respectable,
» que je rencontrerai dans mon chemin,
» s'il est Anglais ; dans l'affirmative, je
» lui demanderai s'il est homme d'hon-
» neur ; sur sa réponse, qui sans doute
» sera aussi affirmative, je lui confierai
» mes lettres, bien assuré qu'elles seront
» remises fidèlement. » Le comte a
réussi en quelques occasions, et dans

une en particulier. Peut-être est-il fâcheux d'ajouter qu'il n'aura pas l'occasion de renouveler cette épreuve avec la même personne.

XV.

Réflexion.

—

Il est étonnant que Buonaparte, Bertrand et Montholon, qui ont de jeunes enfans, n'aient jamais demandé à avoir à Sainte-Hélène un prêtre catholique, ne fût-ce que par raison de politique, car ils auraient pu, si on le leur avait refusé, se faire de ce refus un nouveau sujet de plainte, et si on le leur avait accordé, leur cercle se serait augmenté d'un nouvel hôte qui, choisi et endoctriné par les amis politiques du prisonnier en Italie, en France et en Angle-

terre, aurait pu servir utilement les vues
et les intérêts de l'illustre proscrit (1).

(1) Au moment où je publie ces notes, j'apprends
qu'un aumônier, choisi par le cardinal Fesch, est
parti pour Sainte-Hélène.

XVI.

Le commissaire Ibbetson.

—

La fourniture de Longwood étant sortie des mains de M. Balcomb, qui la faisait par entreprise, le gouvernement s'en est lui-même chargé : c'est M. Denzil Ibbetson, commissaire en chef de l'île, qui est chargé de cette administration. Les profits que faisait l'entrepreneur sont censés tourner à l'amélioration des denrées, attendu que M. Ibbetson, en sa qualité d'officier du gouvernement, ne perçoit aucune commission sur ses achats.

XVII.

Magasin de Huts'gate.

—

CE magasin offre un coup-d'œil intéressant pour le marin privé depuis longtems des denrées européennes ; c'est là que sont gardées les provisions de toute espèce qui servent à la table de Longwood. L'abondance et le bon ordre y règnent également ; la vue se plaît à parcourir toutes les étiquettes appliquées sur les collis et les barriques : *chaque nom rappelle un doux souvenir.* Il y a quelque chose de pittoresque à trouver le magasin d'un riche marchand de Londres sur un rocher de la mer du Sud.

XVIII.

Plantation-House.

—

PLANTATION-HOUSE est une jolie maison de campagne, située sur une verte pelouse, et environnée d'un grand nombre de très-beaux arbres. — Le bambou de l'Inde, le chêne d'Angleterre et le pin de Norwège semblent étonnés d'y marier leurs rameaux et de concourir à l'embellissement du même séjour. Quel dieu, quel magicien a opéré ce rapprochement des plus beaux végétaux de toutes les parties du monde? C'est le dieu qui exécute les prodiges les plus incroyables; c'est le commerce. Plantation-House a été construite à grands frais par la compagnie des Indes, pour la résidence d'été de son gouverneur.

Buonaparte , justement séduit par la fraîcheur de ces bosquets, par la richesse de cette végétation, par tous les agrémens de cette retraite, aurait bien désiré qu'elle lui fût affectée ; et dans les souvenirs de sa puissance, il avait peine à concevoir que le gouvernement anglais ne pût pas disposer de cette propriété particulière, à moins d'une mauvaise volonté très-prononcée à son égard; mais la législation de la Grande-Bretagne ne donnait aucun droit au gouvernement sur cette possession de la compagnie des Indes : tout ce que pouvait faire le ministère, c'était de négocier avec la compagnie la cession de Plantation-House , et les marchands-souverains répondirent avec fierté que cette maison ayant été bâtie pour la résidence de leur gouverneur, tant que la compagnie jugerait à propos d'avoir un gouverneur à Sainte-Hélène , il ne se dérangerait pour personne.

XIX.

Le valet de pied Marchand.

—

De toute la valetaille de Buonaparte, il n'est personne qui soit plus connu à James-Town que le valet de pied Mar-chand ; c'est un fort honnête serviteur, dont le zèle et la fidélité sont au-dessus de tout éloge. Il descend deux ou trois fois par semaine dans la ville , y fait des emplettes dans toutes les boutiques , parle mystérieusement des choses les plus simples ; c'est un important très-comique par ses réticences et sa discré-tion ; ce maraud-là se croit quelqu'un.

XX.

Sir Thomas Reade.

—

Sir Thomas Reade est un adjudant-général, très-honnête et très-prudent. — C'est lui qu'on charge souvent de communiquer au prisonnier les dispositions arrêtées à son égard, et qui peuvent exciter ses plaintes.

Un jour, remplissant auprès de Buonaparte une commission de ce genre, celui-ci entra en fureur et exprima dans les termes les moins mesurés toute son indignation des procédés dont il était l'objet. « Général, lui dit l'officier avec beaucoup de sang-froid, vous me prenez sans doute pour le gouverneur ; vous

vous trompez, je suis un simple officier et j'attendrai que votre colère soit passée pour prendre votre réponse. — C'est vrai, c'est vrai, reprit Buonaparte ; vous êtes soldat, et vous devez obéir aux ordres qu'on vous donne sans les discuter ; j'aime les soldats qui savent obéir. » Il lui parla ensuite avec beaucoup de modération et de douceur.

XXI.

M. Balcomb.

—

IL n'est pas d'étranger qui, en relâchant à l'île, ne s'informe de **M.** Balcomb et de mesdemoiselles Balcomb. C'est chez cet habitant que Buonaparte a logé quand il est arrivé à Sainte-Hélène. C'est lui qui long-tems fut chargé de la fourniture de Longwood. Enfin, c'est avec mesdemoiselles Balcomb que le prisonnier, selon la chronique de l'île, s'est permis ces innocens badinages qui ont causé tant de joie aux amateurs d'anecdotes.

Buonaparte passa deux mois chez ce négociant; il logeait dans un pavillon éloigné de cinquante pas de la maison principale. Il n'y avait dans ce pavillon qu'une seule pièce et un grenier ; Buonaparte couchait dans la chambre, le comte Las Casas au grenier, et le valet de chambre de Buonaparte en travers de la porte.

Dans la longue oisiveté du jour, il paraît certain que le prisonnier se familiarisait quelquefois avec ses hôtesses ; l'une d'elles, très-ingénue dans son ignorance des mœurs d'Europe, amusait le grand homme par la liberté de ses manières, par son humeur vive et enjouée. Il trouvait piquant jusqu'à ses petites impertinences, qui contrastaient certainement beaucoup avec la respectueuse soumission des dames de son ancienne cour.

On m'a conté sur ce sujet, dans l'île, beaucoup de niaiseries sans conséquence, qu'on me donnait pour des faits très-curieux ; en voici un échantillon : Buonaparte, en jouant avec elle, la prit par le nez et le lui serra ; la petite riposta par un soufflet. Que ces anecdotes soient vraies ou fausses, elles sont si puériles que je ne crois pas devoir les recueillir.

Quant aux conjectures qu'on a basées sur ces badinages, et qu'on a poussées fort loin, je ne puis ni ne veux m'en rendre complice ; tout ce que je dirai, c'est que M. Balcomb a quitté Sainte-Hélène avec ses deux filles.

XXII.

Les habits rouges.

—

L'ANTIPATHIE du prisonnier contre les habits rouges est si forte, que dans le tems où il montait à cheval tous les jours il n'allait jamais sur la route de James-Town que jusqu'à Hut'sgate, parce que ce poste était occupé par un piquet. Sir Lowe, instruit de cette répugnance, fit retirer ce piquet dans la campagne, hors de la vue du grand chemin. C'est par une condescendance de la même nature qu'il fait des dispositions pour que les casernes de Dedwood, situées à un mille de Longwood, mais qu'on voit très-bien des fenêtres de la nouvelle maison, cessent d'être occupées avant que Buonaparte prenne possession de cette résidence.

Toutefois cette antipathie fort concevable contre les uniformes anglais n'empêche pas Buonaparte de parler avec bienveillance des soldats que leur devoir enchaîne à sa surveillance ; un jour, il disait à sir Lowe, qui lui annonçait que le gouvernement anglais avait diminué la somme allouée pour sa dépense : « Ce » n'est pas par crainte d'avoir une table » mal pourvue que je me plains de cette » indignité, car si je ne trouvais point » à dîner chez moi, j'irais demander la » soupe à ces braves : *quiconque a reçu* » *le baptême de feu est de ma religion.*»

Une autre fois, ayant appris qu'on avait rapporté aux officiers quelques paroles qu'il avait dites, dans ses débats avec *le gouvernement,* au sujet des consignes, et craignant que ces paroles n'eussent été envenimées, dans l'inten tion de le brouiller avec la garnison, il envoya chercher l'officier de garde à Longwood, M. Poppleton, comme étant le premier capitaine du 53e régiment, et le chargea d'assurer ses camarades « que ce qu'on leur avait dit était ca- » lomnieux; qu'il aimait les braves sol- » dats, et qu'il était satisfait de la con- » duite des officiers et des soldats du » régiment. » La réponse de cet officier fut celle que, dans cette circonstance, on pouvait attendre d'un homme d'hon- neur.

XXIII.

Le docteur O'Meara.

—

Le docteur O'Meara est un chirurgien du *Bellérophon* qui s'était offert volontairement pour accompagner Buonaparte sur *le Northumberland* en qualité d'officier de santé. Ses offres ayant été agréées, M. O'Meara resta à Longwood auprès du prisonnier, qu'il a servi avec beaucoup de zèle et de dévouement, jusqu'à ce que, sur de prétendues intelligences qu'il entretenait avec le continent, il fut renvoyé de l'île.

Plusieurs circonstances, qui prises séparément paraîtraient sans importance, peuvent donner quelques probabilités aux griefs que *le gouvernement* (de l'île Sainte-Hélène) avait élevés contre ce docteur, et par conséquent aux services qu'il aurait rendus à son maître d'adoption.

On trouve dans l'*Histoire secrète du Cabinet de Saint-Cloud*, publiée par Lewis Goldsmith (1), qui rédige maintenant le *Moniteur anti-gallican*, une liste de plusieurs personnes qui furent dénoncées en Angleterre comme étant employées par Buonaparte à nouer en Irlande des intelligences qui pussent favoriser les troupes françaises, lors du débarquement qu'on projetait. Le nom de M. O'Meara figure dans cette liste, qui se trouve à la page 18.

Si cette identité de nom suffit pour

____

(1) Nous savons en France combien peu cette histoire secrète du cabinet de Saint-Cloud mérite d'estime et de confiance. Quels fonds peut-on faire sur un pareil libelle ?   (*Note du traducteur.*)

faire supposer celle du personnage, on
en pourrait induire que M. O'Meara ren-
dait depuis long-tems à Buonaparte des
services de la nature de ceux qu'on lui
reprochait à Sainte-Hélène.

Le docteur O'Meara, en arrivant
dans cette île, ne perdit point de tems
pour s'efforcer de faire partager aux
habitans de James-Town l'intérêt que
lui inspirait le prisonnier. On lui a fait
un grand crime d'avoir dit en société,
chez M. Porteus, « qu'il regardait Napoléon comme un homme opprimé, et
qu'il croyait du devoir de tout le monde
de lui prêter secours; » cette opinion, ex-
primée par celui qui avait tout quitté
pour s'associer à la mauvaise fortune de
Buonaparte, n'avait certainement rien
de bien répréhensible.

Le docteur contracta bientôt une
liaison étroite avec M. Lewis Salomon,
bijoutier et horloger à James-Town. Ce
particulier est l'ami et peut-être le pa-

rent de Goldsmith, qui lui envoyait ré-
gulièrement des journaux, et entre autres
son *Moniteur anti-gallican ;* on a conclu
de cette circonstance que Salomon était
l'intermédiaire entre Goldsmith et le
docteur, qui faisait passer au prisonnier
les journaux qui arrivaient à l'adresse du
bijoutier. On demande quel moyen de
correspondance pouvait résulter de ces
communications de papiers publics ; les
gens du *gouvernement* ont prétendu que
des encres sympathiques étaient employées à Londres, pour écrire sur ces
journaux des phrases qu'on lisait à Longwood ; ce qu'il y a de certain, c'est qu'on
m'a montré dans le *Moniteur anti-gallican* du 3 novembre 1816, un *avertis-
sement* singulier dans sa forme, curieux
dans son contenu, et placé dans la partie la plus apparente du journal, où l'on
n'insère jamais de ces sortes d'*avis.* Cet
article est en chiffres, la clef en est la
lettre X, qui se trouve entourée de nom-

bres. Le chiffre a été découvert quelques mois après à Vienne.

Les bulletins de la santé de Buonaparte, signés du docteur O'Meara, ont donc été attaqués dans leur véracité par les hommes du gouvernement, qui prétendaient que ce docteur favorisait la politique du prisonnier en soutenant que l'air de Sainte-Hélène était contraire à sa santé, et que le maintien de sa captivité dans cette île serait un moyen tout aussi direct de l'assassiner, que si on lui cassait la tête avec une balle ; cette politique a été, comme tout le monde sait, poussée avec beaucoup de persévérance, et les plaintes de Longwood, bien qu'elles fissent peu d'impression dans l'île, où chacun pouvait s'assurer de leur exagération, étaient calculées pour produire leur effet à de grandes distances (1).

(1) On m'a dit ici qu'elles avaient été entendues au congrès d'Aix-la-Chapelle, et qu'un grand souverain, ébranlé dans sa conscience par les cris du prisonnier

Toutes ces raisons motivèrent la mesure qui éloigna le docteur O'Meara de Sainte-Hélène ; Buonaparte en éprouva beaucoup de regret, et protesta vivement contre cette rigueur, qui, dit-il, avait pour but de le priver des secours de la médecine, afin de précipiter sa mort. Il est certain que cet événement pouvait fournir au cabinet de Longwood des armes fort acérées contre celui du gouverneur. Buonaparte en a profité avec autant d'activité que d'adresse, et plusieurs mois ont été employés de part et d'autre à guerroyer sur cette matière ; mais dans une position aussi inégale, l'issue de ces débats présentait si peu de chances de succès au prisonnier, que son courage seul a pu mettre en mouvement sa politique.

avait été sur le point de demander qu'il fût rapproché de l'Europe.

XXIV.

Des conspirations.

—

Les *conspirations* sont très-fréquentes dans l'île : il se passe peu de jours sans qu'on en découvre quelques-unes. Il est vrai qu'elles n'ont pas en elles-mêmes une bien grande importance ; mais les commissaires des puissances et les femmes de la société du gouverneur en font des affaires d'Etat. Ces petits incidens sont même pour ces messieurs et ces dames des alimens indispensables à l'imagination oisive. On jugera de ces *conspirations* par l'échantillon suivant.

Peu de tems après l'embarquement du docteur O'Meara, arriva d'Angleterre une lettre accompagnée de quelques livres français ; le tout adressé à James Forbes, écuyer. Comme il n'y avait personne de ce nom dans l'île, et que personne ne se présentait pour réclamer le paquet, le particulier chez lequel il était adressé pour être remis à M. James Forbes refusa de recevoir les livres, et pour connaître à qui ils devaient être envoyés, la lettre qui les accompagnait fut ouverte par les autorités ; les premiers mots qu'on lut furent ceux-ci : « Mon cher O'Meara. » Grande rumeur dans les bureaux du gouvernement ; M. O'Meara avait pris un nom supposé pour se faire adresser ces livres : donc ces livres contenaient des écritures sympathiques, des dépêches mystérieuses cachées dans les couvertures. On ne trouva rien, mais l'imagination n'en fut que plus libre de supposer de grands secrets.

XXV.

La tabatière du docteur O'Meara.

—

LE révérend M. Boys, un des deux au-
môniers coloniaux, étant sur le point de
partir de la colonie quelque tems avant
que M. O'Meara en fût renvoyé, reçut
en présent, de la part de Buonaparte,
une tabatière, qui lui fut remise par
M. O'Meara. M. Boys, à qui les réglemens défendaient de rien recevoir des
habitans de Longwood sans l'entremise
du gouvernement anglais, se trouvant
obligé de partir sans voir M. O'Meara,
envoya à l'ami de ce docteur (M. Lewis
Salomon) la tabatière avec une lettre
dans laquelle il exprimait ses scrupules.

Il écrivit en même tems au révérend M. Vernon, son collègue, pour lui faire connaître cette circonstance, et le prier d'obtenir de sir Lowe la permission d'accepter ce présent.

Cette affaire parut suspecte; on demanda à M. O'Meara une explication, qu'il donna par lettre au lieutenant-colonel Wyniard, secrétaire militaire du gouvernement, en racontant que Cipriani, sommelier de Buonaparte, étant mort, M. Vernon et M. Boys lui avaient rendu les honneurs funèbres, quoiqu'il fût catholique romain; et que Buonaparte, pour reconnaître l'empressement de ces deux pasteurs, avait ordonné qu'il fût offert à chacun d'eux une tabatière, et vingt-cinq livres sterling pour les pauvres.

Cette circonstance fit beaucoup de bruit dans l'île, et personne ne douta que la tabatière d'O'Meara *ne renfermât une conspiration ;* on en cite pour preuve qu'en dépit de l'explication du docteur, M. Vernon, qui avait également fait l'enterrement de Cipriani, n'avait jamais entendu parler du présent d'une tabatière, et que les pauvres n'avaient jamais reçu les vingt-cinq livres sterling qui leur auraient été promises. Des enquêtes furent faites avec beaucoup de soin par le gouverneur; mais, la lettre de l'aumônier Boys à son confrère Vernon ayant été déchirée d'après les vives instances du docteur, il ne resta aucune pièce matérielle sur laquelle on pût poursuivre l'affaire.

XXVI.

Le docteur Vergling.

—

Après le départ forcé du docteur O'Meara, sir Hudson Lowe nomma pour le remplacer auprès de la maison de Longwood, le docteur Vergling, très-habile médecin ; mais Buonaparte refusa formellement de le recevoir en cette qualité, parce qu'il n'avait point été légalement nommé près de lui. Aux termes où il en était avec le gouverneur, il lui importait, en effet, de ne point laisser la rédaction des bulletins de sa santé à l'homme de ses persécuteurs, qui, selon lui, avaient un intérêt évident à trom-

per le ministère anglais sur l'état de cette
santé, afin de dérober à sa connaissance
la suite funeste des mauvais traitemens
qu'ils exerçaient contre lui. « La mesure
» que vient de prendre le gouverneur,
» disait-il, est une conséquence de son
» système d'oppression ; il veut m'égor-
» ger, et dire à ceux qui entendront mes
» cris : Ne l'écoutez pas, il vous trompe ;
» je ne lui fais aucun mal, demandez à
» son médecin. » Cet argument était
fort sensé : que la maladie dont se plai-
gnait Buonaparte fut vraie ou supposée ,
les espérances qu'il fondait sur elle pour
sa translation en Europe s'opposaient
à ce qu'il donnât le droit de la constater
à la créature de celui auquel il l'imputait,
et qui avait tous les intérêts possibles à
soutenir qu'elle n'existait pas.

Le gouverneur a opposé à cet argument que si le prisonnier était réelle-
ment malade, l'intérêt de sa conserva-
tion le déterminerait sans doute à accep-

ter les secours d'un médecin habile, sans s'informer si ce médecin était pourvu ou non d'une commission régulière. Il en a conclu que la maladie de Buonaparte était feinte, et qu'il ne voulait pas qu'on pût contredire le système qu'il avait adopté de concert avec son ami, le docteur O'Meara, système que celui-ci suivrait probablement en Europe.

Quoi qu'il en soit, le docteur Vergling ne fut point admis près de Buonaparte, qui est resté sans médecin.

Par une attention d'autant plus obligeante pour le docteur, qu'elle ne tient pas à l'idée qu'on peut concevoir du caractère du prisonnier, il a fait dire à M. Vergling, par le comte Montholon, que le refus qu'il faisait de l'admettre près de lui n'avait sa source que dans des règles de politique qu'il ne lui était point possible d'enfreindre ; mais qu'elle ne venait nullement d'un défaut de confiance dans les talens du docteur, comme elle ne préjudiciait pas à l'estime particulière qu'il faisait de lui.

Les autres habitans de Longwood n'ayant pas les mêmes raisons de refuser les secours de M. Vergling, c'est lui qui soigne les familles Bertrand et Montholon, et il vit avec elles sur le pied d'une aménité réciproque.

XXVII.

Politique.

—

Sɪ, comme on le prétend, toute la maladie de Buonaparte est une *hydropisie politique*, il faut convenir qu'il fait à cette politique de bien grands sacrifices ; son goût pour l'exercice du cheval est connu, et ses écuries sont remplies des meilleurs chevaux anglais qu'on puisse trouver ; mais il a dit que sa santé ne lui permettait plus de monter à cheval, et il a résisté obstinément à toutes les tentatives qu'on a faites pour l'y engager, quoiqu'on eût pratiqué exprès pour lui des chemins fort commodes jusqu'à douze milles aux environs de sa rési-

dence. Il va même jusqu'à se priver de
la promenade à pied dans des jardins
couverts de fleurs , où il avait fait éle-
ver un berceau ; pendant quelque tems
il a également renoncé à son jeu favori
du billard, auquel il avait coutume de
se recréer avec ses compagnons d'exil.

Son indifférence pour toute espèce de
diversion a été poussée si loin, qu'il a
même refusé d'aller passer l'été dans la
délicieuse maison de campagne de madame Masson, qui se trouve dans les limites fixées pour sa promenade, à environ une lieue de Longwood, et qui, entièrement ombragée par une forêt impénétrable aux rayons du soleil, lui offrait
deux avantages bien précieux pour un
grand homme dans la retraite, la fraîcheur et *l'invisibilité.*

On voulait louer pour lui cette jolie
solitude ; mais il a déclaré qu'il ne l'habi-
terait pas.

Depuis que j'étais dans l'île, Buonaparte paraissait se relâcher un peu de la retraite qu'il s'était imposé ; il se montrait plus fréquemment ; ses paroles et ses lettres avaient aussi moins d'amertume.

XXVIII.

Mesures de surveillance (1).

—

LES sentinelles qui entourent l'habitation de Longwood sont placées de manière à n'être jamais en vue du prisonnier. Pendant le jour, elles occupent des postes en dehors de l'espace où sont

(1) Comme tout ce qui tient à cette surveillance est connu de tout le monde, j'ai supprimé les notes de ce carnet qui concernaient les rondes, les patrouilles, la disposition des postes, des piquets, le service des sentinelles; quant aux limites que Buonaparte ne peut dépasser sans être accompagné, on trouvera tout ce qui tient à ces précautions à la fin de ce petit volume, où j'ai mis aussi les réglemens de port pour donner une idée de la surveillance de mer.

(*Note de l'éditeur.*)

13

contenus les jardins et tous les lieux qui peuvent servir de promenade ; dès qu'il fait nuit, on les rapproche jusque sous les murs de la maison.

L'officier anglais qui est chargé d'accompagner Buonaparte quand il veut dépasser cette enceinte a le titre d'officier d'ordonnance : ce titre est un peu moins cruel que celui de gardien ; mais cet *officier d'ordonnance* n'en est pas moins un compagnon forcé de toutes les excursions du détenu ; en faut-il davantage pour détruire tout le charme d'une cavalcade, et ne vaut-il pas mieux se promener seul dans un parc où l'on peut rêver la liberté au milieu d'un cordon de sentinelles invisibles, que de courir les champs côte à côte avec un gardien armé.

XXIX.

Signaux.

—

Voila un des bulletins de surveillance, transmis matin et soir par des signaux au gouverneur :

Dedwood.

« Tout va bien en ce qui concerne le » général Bounaparte (1). »

S. Clarke.

S. M. (directeur des signaux.)

Vendredi soir, à six heures et demie.

25 novembre 1818.

(1) J'ai laissé subsister la mauvaise orthographe du nom de Buonaparte plutôt que d'altérer le texte.

XXX.

Sir Hudson Lowe.

—

Tout ce qu'il y a de plus particulier sur sir Lowe, c'est qu'il a été attaché à l'état-major du prince Blucher. Il parle fort bien italien, c'est dans cette langue qu'il s'entretenait avec Buonaparte lorsqu'ils avaient des entrevues. Depuis deux ans que le prisonnier a refusé de le recevoir, il n'a jamais demandé à conférer avec lui, et ne l'a pas vu une seule fois. Il ne vient à Longwood que pour inspecter les travaux de la nouvelle maison (1), qu'il pousse avec activité, et où il ne

(1) Ces travaux ont dû être terminés au mois d'avril, de manière que la maison fût prête à meubler.

craint pas de rencontrer Buonaparte,
parce que celui-ci n'a jamais voulu prendre connaissance des plans ni des cons-
tructions (1).

(1) Le carnet contenait un grand nombre de notes
sur sir Hudson Lowe ; mais écrites par un concitoyen
de ce gouverneur, l'éditeur a craint qu'elles ne parus-
sent s'écarter un peu de l'impartialité parfaite que
l'auteur avait promise dans sa préface, et il a laissé de
côté, avec d'autant moins de regret, les feuillets qui
les contenaient, qu'elles n'apprenaient absolument
rien sur ce personnage ; qu'elles répétaient des détails
déjà connus, et que, sous aucun rapport, elles n'of-
fraient de l'intérêt au lecteur français.

XXXI.

Les commissaires étrangers à Sainte-Hélène.

—

LA hauteur que Napoléon affectait sur le trône envers les agens des cours étrangères l'a suivi à Sainte-Hélène, et se manifeste dans ses discours et dans ses actions à l'égard des commissaires envoyés près de lui par les différentes puissances continentales ; il a toujours refusé de les voir, même en présence de sir Lowe. Le commissaire français, le marquis de Montchenu, est sur-tout en butte aux traits les plus mordans et aux sarcasmes les plus amers de la part de tous les habitans de Longwood, auxquels Buonaparte donne l'exemple du mépris et de

la haine contre ce gentilhomme français, qu'on dit pourtant fort honorable,
et généralement estimé des habitans ;
mais quoique je n'aie rien à alléguer
contre son caractère, j'avoue que je n'ai
pu le comprendre lorsque je l'ai vu un
jour recevoir à la porte de sa maison, à
James-Town, le comte Montholon, qui
était venu le voir à cheval; lui serrer cor-
dialement la main, et se séparer de lui
avec l'air d'une extrême amitié, quoiqu'il
ne doutât certainement pas, dans ce moment, que le général Montholon, arrivé
dans le cabinet de Longwood, ne lui
épargnerait aucune des épithètes mépri-
santes que Buonaparte paraît avoir
créées pour lui, et que je ne répèterai
pas.

Le marquis est aujourd'hui le seul
commissaire qui réside à Sainte-Hélène,
et il pourrait aussi bien être à Ispahan,
au port Jackson, ou à tout autre lieu du
globe.

Le comte Balmain, écossais, commissaire de la Russie, après avoir vainement fléchi le genou aux pieds d'une des plus jolies personnes de l'île, est allé porter à Rio-Janéiro le désespoir d'un refus formel, qui paraît avoir blessé à-la-fois son cœur et son amour-propre.

Le baron de Sturmer et son épouse sont aussi partis de l'île ; le baron sans oublier d'emporter un très-beau buste de Buonaparte, qu'il regardait avec autant de vénération que si ce buste lui eût été donné par Marie-Louise en personne.

La résidence de ces personnages à Sainte-Hélène ne paraît nullement nécessaire. Elle est ennuyeuse pour eux, dispendieuse pour leurs cours, et n'ajoute rien à la sûreté de l'exilé.

XXXII.

Les appas des dames de Sainte-Hélène.

—

Sɪ les appas des femmes s'appréciaient au poids, il serait vrai de dire que peu de pays présentent des femmes aussi bien partagées que celles de Sainte-Hélène ; les plus jeunes même sont pourvues, sous ce rapport, d'une manière presque embarrassante ; mais elles sont pour la plupart grandes et robustes. La nature a proportionné leur force au double fardeau qu'elle se plaisait à leur imposer. Toutefois cette singularité n'est pas la seule qui frappe les regards de l'étranger : toutes les femmes mariées sont enceintes.... Est-ce au climat ou à l'amour qu'il faut faire honneur de cette fécondité ?

14

XXXIII.

Trait de caractère national.

—

IL faut que la coquetterie soit un sentiment inhérent à la nature de la femme,
et tout-à-fait indépendant des objets
extérieurs, puisque ce sentiment vient
encore animer et diviser les belles,
quand leur position semble offrir moins
d'intérêt de toute espèce à la rivalité qui
peut s'allumer entre elles. Que dans une
capitale d'Europe, sous les yeux d'un
maître dont on brigue les regards, la coquetterie, l'amour de la parure, se déve-
loppent dans la pompe des fêtes, vivement
excités par l'ambition, la galanterie, par
les grands desseins et les petites passions,

rien de moins étonnant, rien de plus ordinaire ; ces phénomènes se montrent à toutes les cours, depuis celle d'un empereur de Russie jusqu'à celle d'un petit margrave de la confédération du Rhin.

Mais ce qui, pour le moraliste, forme un tableau plus fécond en observations curieuses, c'est de voir deux femmes, reléguées à quelque mille lieues de l'Europe, déchues des grandeurs du monde, condamnées à partager désormais la destinée d'un homme qui maintenant n'a plus à leur offrir qu'une captivité fort triste ; de les voir, lorsqu'une infortune et un dévouement tout pareils devraient fonder entre elles une tendre et vive amitié, se disputer de ces frivoles ornemens que la mode impose à ses esclaves, rarement au profit de la beauté, quelquefois même à ses dépens.

Il n'est dans le monde que deux Françaises qui puissent se battre pour des chiffons, sur un rocher de la mer du Sud.

Voilà le fait qui m'a fourni ces réflexions. Des boîtes de modes nouvelles devaient arriver de James-Town à Longwood, à l'adresse de mesdames Bertrand et Montholon ; chacune de ces dames avait mis en vedette, sur la route, une femme de chambre chargée d'attendre l'arrivée des chiffons, celle des deux *aides de chambre* qui rencontra l'envoi le garda tout entier pour *sa générale;* l'autre fut obligée de s'en passer. Grande rumeur, grandes réclamations ; rupture ouverte qui pendant quelque tems ne permettait même pas aux deux compatriotes de se trouver ensemble chez le maître commun. Enfin les maris sont parvenus à opérer une espèce de réconciliation, et j'ai vu les deux familles se promener ensemble sur le chemin de James-Town, le samedi 21 octobre 1818.

XXXIV.

—

Changemens apportés dans les réglemens établis
pour les captifs de Longwood.

I. Longwood avec la route par Hut'sgate le
long de la montagne jusqu'au poste des signaux,
près d'Alarm–House, sera établi comme limite.

II. Des sentinelles marqueront les limites,
que personne ne pourra traverser, pour approcher de la maison de Longwood, ou de son
jardin, sans la permission du gouverneur.

III. La route à la gauche de Hut'sgate, qui
retourne par Wood–Ridge à Longwood,
n'ayant jamais été fréquentée par le général
Buonaparte, depuis l'arrivée du gouverneur, le

poste qui l'observait sera, en grande partie, retiré; cependant, toutes les fois qu'il voudrait aller à cheval dans cette direction, en prévenant l'officier à tems, il n'éprouvera aucun obstacle.

IV. S'il (le général Buonaparte) voulait prolonger sa promenade dans quelqu'autre direction, un officier de l'état-major du gouverneur (s'il en est informé à tems) sera prêt à l'accompagner. Si le tems manquait, l'officier de service à Longwood le remplacerait.

L'officier qui le surveille a ordre de ne point l'approcher, à moins qu'il ne soit demandé, et de ne jamais surveiller sa promenade, excepté pour ce que lui commande son service, c'est-à-dire de veiller à tout ce qui pourrait, dans ces promenades, s'écarter des régles établies, et de l'en avertir respectueusement.

V. Les réglemens déjà en force pour empêcher des communications avec qui que ce soit, sans la permission du gouverneur, doivent être strictement exécutés. En conséquence, il est requis du général Buonaparte qu'il s'abstienne

d'entrer dans aucune maison ou d'engager aucune conversation avec les personnes qu'il pourrait rencontrer (excepté ce que demandent les
salutations et les politesses ordinaires, que chacun lui rendra), à moins que ce ne soit en
présence d'un officier anglais.

VI. Les personnes qui, avec le consentement
du général Buonaparte, peuvent toujours recevoir du gouverneur des permissions pour le visiter, ne peuvent, malgré ces permissions, communiquer avec aucune autre personne de sa
suite, à moins que ce ne soit spécialement exprimé dans ces permissions.

VII. Au coucher du soleil, l'enceinte du jardin autour de Longwood sera regardée comme
étant les limites. A cette heure, des sentinelles
seront placées à l'entour, mais de manière à ne
pas incommoder le général Buonaparte en observant sa personne, s'il voulait continuer sa
promenade dans le jardin après cette époque.
Les sentinelles seront portées pendant la nuit à
toucher la maison, comme cela se pratiquait
auparavant, et l'admission sera interdite jusqu'à

ce que les sentinelles soient retirées le lendemain matin de la maison et du jardin.

VIII. Toute lettre pour Longwood sera mise
par le gouvernement sous une enveloppe cachetée, et envoyée à l'officier de service, pour
être délivrée, cachetée, à l'officier de la suite
du général Buonaparte auquel elle est adressée,
lequel, par ce moyen, sera assuré que personne
autre que le gouverneur n'en connaît le contenu.

De la même manière, toute lettre des personnes de Longwood doit être délivrée à l'officier de service, mise sous une seconde enveloppe, cachetée et adressée au gouverneur, ce
qui assurera que personne autre que lui n'en
connaîtra le contenu.

Aucune lettre ne doit être écrite ou envoyée;
aucune communication, de quelque espèce qu'elle
soit, ne doit être faite, excepté en la manière
sus-mentionnée. On ne peut avoir aucune correspondance dans l'île, excepté pour les communications qui sont indispensables à faire au pour-
voyeur. Les notes qui les contiendraient doivent
être données ouvertes à l'officier de garde, qui
sera chargé de les faire parvenir.

Réglemens spéciaux pour le port de Sainte-Hélène.

Art. 1er. Les capitaines des bâtimens de la compagnie des Indes et de tous autres bâtimens marchands qui auront la permission de toucher à cette île ne doivent pas débarquer ni laisser venir à terre un individu quelconque de leurs bâtimens, jusqu'à ce que tous les hommes du bord aient eu connaissance des réglemens suivans. Ils doivent envoyer la liste des passagers et le rôle de l'équipage au gouverneur, de qui chaque individu qui devra débarquer recevra un permis particulier.

2. Le capitaine de chaque bâtiment devra déclarer d'abord bien précisément s'il y a ou s'il a eu quelque maladie à son bord, sans égard à ce que lui ou son chirurgien pourrait la regarder comme contagieuse, et devra faire son rapport des décès qui peuvent être arrivés, ainsi que de leurs causes pendant le cours de son voyage.

3. Toutes lettres et paquets, adressés à qui que ce soit sur l'île, excepté ceux qui viennent par les paquebots et qui doivent être envoyés au bureau de la poste, seront remis à l'officier qui donnera connaissance du présent réglement, et qui les laissera au bureau du secrétaire du gouvernement, où ceux à qui elles sont adressées iront les recevoir.

4. Si le capitaine ou aucun des passagers ou autres

personnes à bord de son bâtiment avait à ses soins aucune lettre, paquet ou papier à l'adresse ou pour
aucun des étrangers qui sont en détention dans l'île,
il est requis de le faire connaître de suite au gouverneur lui-même, en mettant la lettre ou le paquet, s'il
est d'un petit volume, sous enveloppe cachetée à
son adresse, ou d'attendre ses ordres si le paquet
était trop volumineux.

5. Le commandant du bâtiment, seulement après
que lecture aura été faite à bord de ces réglemens,
pourra descendre à terre, où il devra se rendre immédiatement chez le gouverneur, s'il est en ville,
ainsi que chez le commandant en chef de la marine;
et si le gouverneur n'est pas en ville, il devra se
rendre chez l'adjudant-général pour faire sa déclara-
tion d'arrivée.

6. Les capitaines, officiers et passagers qui auront
la permission de débarquer, se rendront au bureau
du major de place, pour lire et signer les réglemens
de l'île avant d'aller à leurs logemens ou de faire
visite dans aucune maison ou à aucune personne.

7. Aucun passager ou autre personne débarquée
d'aucun bâtiment ne pourra sortir de la vallée de James-Town sans une permission, pour laquelle il s'a-
dressera au lieutenant de l'adjudant-général.

8. Aucune personne quelconque, qui a obtenu permission de venir à terre, ne pourra se rendre à Long-

wood , ni sur le terrain en dépendant, ni avoir communication de quelque espèce que ce soit, par écrit
ou autrement, avec aucune des personnes étrangères
détenues sur cette île, sans avoir communiqué direc-
tement ses intentions et ses désirs à ce sujet au gouverneur, et avoir obtenu sa permission ; et si aucune
lettre ou autre communication de la part des personnes étrangères était reçue par une personne quelconque, ces lettres ou communications devront être
apportées, sans perdre un instant, au gouverneur,
avant que cette personne puisse en prendre connaissance, encore moins y répondre. La même règle
s'appliquera à tous les paquets ou ballots qu'il pourrait avoir reçus, ou qu'on pourrait chercher à lui
remettre.

9. Les commandans des bâtimens de l'Inde et les
capitaines des bâtimens marchands de quelque espèce que ce soit, qui ont la permission de toucher à
cette île, ne devront permettre à qui que ce soit
de leurs bords de venir à terre par congé sans l'auto-
risation du gouverneur, et personne ne pourra coucher à terre sans sa permission.

10. Aucune chaloupe des bâtimens de la compagnie des Indes ou marchands de quelque espèce que
ce soit, ne devra débarquer avant le lever et après le
coucher du soleil, et pendant le jour, sans qu'il y ait
un officier qui la commande, et si elle doit rester à terre pour quelque raison que ce soit, cet offi-

cier devra avoir soin de la tenir à quelque distance du quai pour ne pas empêcher les autres chaloupes de débarquer. Les chaloupes qui chargent ou déchargent doivent le faire avec promptitude pour ne pas gêner les autres.

11. Toutes les chaloupes des bâtimens de la compagnie ou autres doivent quitter le rivage au soleil couchant, et à leur arrivée le long du bord être hissées sur leurs bâtimens respectifs, excepté dans les circonstances où l'amiral donnerait des ordres contraires.

12. Aucune chaloupe des bâtimens de la compagnie ou de tout autre bâtiment n'abordera ou n'enverra une embarcation à bord d'un bâtiment arrivant sur rade. Aucune chaloupe ne pourra débarquer ailleurs qu'au quai.

13. Aucun bâtiment de la compagnie ou autre bâtiment marchand quelconque ne pourra jeter l'ancre devant cette cité après le coucher et avant le lever du soleil, ni mettre à la voile après le soleil couché avant dix heures du matin, ni faire voile avant que le vaisseau commandant n'ait hissé son pavillon de signal de permission de partance.

14. Si le signal est hissé par un bâtiment peu de tems avant le soleil couchant et qu'il n'ait pas déjà levé son ancre et soit sans voile immédiatement, il

devra attendre que le signal soit répété le lendemain matin.

15. Il est expressément défendu à tout capitaine de bâtimens quelconques de permettre qu'un bateau de pêche de l'île aille le long de son bord sans un permis du gouverneur, ni de souffrir qu'aucune de ses chaloupes communique avec un bateau de pêche de l'île.

16. Si un bateau de pêche cherchait à communiquer avec un bâtiment qui s'approcherait de l'île ou serait à l'ancre sur la côte, ou avec une des chaloupes de ce bâtiment, le capitaine qui le commanderait, ou ses officiers, seront tenus d'en donner de suite connaissance au vaisseau commandant ou au lieutenant de l'adjudant-général, et de prendre le numéro de ce bateau, ou même de l'arrêter, suivant que les circonstances pourront l'exiger.

17. Les capitaines des bâtimens qui ont en leur possession des papiers-nouvelles qui peuvent contenir des nouvelles récentes ou intéressantes, seront tenus de les remettre à la personne qui viendra leur communiquer les présens réglemens pour l'instruction du gouverneur, qui les fera rendre avec soin.

18. Il ne pourra être débarqué de la poudre à canon sans en avoir donné auparavant connaissance au commissaire des magasins et à son chef ouvrier, afin

qu'on puisse prendre les précautions nécessaires pour prévenir les accidens.

19. Il ne pourra être débarqué aucun cheval, jument ou poulain sans un permis du secrétaire du gouvernement.

20. Il ne pourra être débarqué de vins d'aucune espèce quelconque sans un permis signé du secrétaire du gouvernement.

21. L'honorable cour des directeurs de la compagnie des Indes ayant défendu l'importation des esprits de l'Inde, il est réglé que quiconque enfreindra cet ordre sera puni d'une amende de 100 livres sterling, et l'eau-de-vie, le genièvre, le rum des Indes occidentale, les liqueurs et autres liquides semblables ne pourront être débarqués qu'en petites quantités après avoir obtenu un permis et payé un droit de 12 shilling par gallon ; le débarquement d'aucune liquide spiritueux sans permis soumettra le contrevenant à la même amende que ci-dessus.

22. Les bâtimens balainiers ne pourront jeter par-dessus bord, pendant qu'ils seront à l'ancre, leurs échaffaudages et autres encombremens à la mer, sous peine de 50 livres sterling, dont la moitié sera pour le dénonciateur.

23. Les capitaines de tous bâtimens quelconques donneront avis de leur départ quarante-huit heures

à l'avance, pourvu qu'ils comptent rester aussi long-
tems. Cet avis sera laissé par écrit au bureau du secrétaire du gouvernement et du chef inspecteur depuis six heures du matin jusqu'à deux heures après
midi. La voile du petit hunier devra être déferlée quarante-huit heures avant le départ du bâtiment.

24. Le commandant de tout bâtiment quelconque
ne pourra, sous quelque prétexte que ce soit, laisser
aucune personne sur l'île ou prendre aucune personne
de l'île à son bord sans une permission écrite et signée
du gouverneur.

25. Aucun commandant, passager ou autre personne quelconque à bord des bâtimens de l'honorable compagnie, ou tout autre, ne pourra se charger
d'aucune lettre ou paquet pour les porter en Europe, au cap de Bonne-Espérance, l'Amérique du
sud ou partout ailleurs, à moins que ces lettres ou paquets n'aient été enfermés dans une malle à la poste,
ou ne lui aient été remis par le secrétaire du gouvernement ou du lieutenant adjudant-général.